ANALISI DEL LIBRO

AF166042

L'attacco

. . . .

YASMINA KHADRA

ANALISI DEL LIBRO

Scritto da David Noiret
Tradotto da Sara Rossi

L'attacco

· ·

Yasmina Khadra

MUST READ

YASMINA KHADRA

SOLDATO E SCRITTORE ALGERINO

- **Nato a Kenadsa (Sahara algerino) nel 1955.**
- **Opere degne di nota:**
  - *Le rondini di Kabul* (2002), romanzo
  - *Le sirene di Baghdad* (2006), romanzo
  - *Ciò che il giorno deve alla notte* (2008), romanzo

Yasmina Khadra è lo pseudonimo di Mohammed Moulessehoul, che ha creato il nome usando i due nomi della moglie. Khadra è uno dei più influenti autori algerini oggi in attività e scrive in francese. È nato il 10 gennaio 1955 a Kenadsa, nel Sahara algerino. Prima di diventare romanziere, ha prestato servizio come ufficiale dell'esercito algerino e ha partecipato alla guerra al terrorismo. Ha lasciato l'esercito nel 2000 per dedicarsi alla scrittura a tempo pieno.

Tra le sue opere più note ricordiamo *Le rondini di Kabul* e *Le sirene di Baghdad* che, insieme a *L'attacco* (2005), formano una trilogia liberamente collegata tra loro e incentrata sulla tensione tra Oriente e Occidente, oltre a *Ciò che il giorno deve alla notte*, da cui è stato tratto un film nel 2012.

L'ATTACCO

In prima linea nel conflitto israelo-palestinese

- **Genere:** romanzo
- **Edizione di riferimento:** Khadra, Y. (2007) *L'attacco*. Cullen, J. Trans. Londra: Vintage
- **1°edizione:** 2005
- **Temi:** amore, violenza, odio, conflitto israelo-palestinese, religione, multiculturalismo

The Attack è stato pubblicato per la prima volta in francese nel 2005 e tradotto in inglese l'anno successivo. Ha vinto diversi premi letterari, tra cui il Prix des Libraires nel 2006. Il romanzo è narrato da Amin, un chirurgo che lavora a Tel Aviv, devastata dal conflitto israelo-palestinese. In seguito a un attentato suicida nel centro della città, scopre che l'attentatore non è altri che sua moglie, Sihem, disposta a morire per la causa palestinese. Il suo mondo viene sconvolto e da quel momento in poi la sua vita è definita dalla lotta per capire cosa abbia potuto spingerla a commettere un atto così terribile.

Pur attingendo a una realtà politica e culturale che continua a dividere l'opinione pubblica di tutto il mondo ancora oggi, questo romanzo non prende le parti del conflitto, ma dipinge un quadro dell'umanità attraverso le vite delle persone che vi si trovano in mezzo.

SINTESI

UN TERRIBILE SHOCK

L'ospedale di Tel Aviv è nel caos a causa di un attentato suicida avvenuto in un ristorante del quartiere Hakirya. L'attacco ha avuto un bilancio pesante: 19 persone sono state uccise e molte altre sono rimaste ferite. Amin Jaafari, un chirurgo palestinese ben integrato nella comunità ebraica di Israele, esegue interventi d'urgenza sui sopravvissuti per tutta la notte. Quando torna a casa, Navid Ronnen, un amico che presta servizio nelle forze di polizia, gli dice che c'è bisogno di lui in ospedale. Con sua grande sorpresa e orrore, gli viene chiesto di identificare i resti di sua moglie, Sihem, che si ritiene sia stata l'attentatrice. Amin sviene per lo shock.

Amin è sospettato di essere un complice e viene preso in custodia. Viene interrogato dal capitano Moshé, ma alla fine viene rilasciato grazie a Navid. Pochi giorni dopo, viene picchiato da un gruppo di giovani israeliani, che lo accusano di essere un traditore, e la sua collega Kim Yehuda gli permette di stare da lei per un po'. Amin è tormentato da domande e dubbi e non riesce ad accettare che sua moglie possa aver orchestrato l'attentato suicida, finché non trova in casa sua una lettera spedita da Betlemme. Nella lettera, Sihem lo prega di perdonare. Decide di raccogliere le sue cose e di partire per la Palestina per cercare qualsiasi segno che gli fosse sfuggito in precedenza e che gli permettesse di capire le motivazioni della moglie.

RIPERCORRERE LE ORME DI SIHEM

Kim decide di aiutare Amin nella ricerca della verità e lo accompagna nel suo viaggio verso le città di Gerusalemme e Betlemme, dove Sihem aveva soggiornato prima dell'attentato.

A Betlemme, Amin si riunisce con la sorella adottiva, Leila, e suo marito Yasser. Sono orgogliosi delle azioni di Sihem, così come tutti gli altri abitanti della città. Mentre si trova a casa loro, Amin nota la Mercedes color crema su cui un testimone ha dichiarato di aver visto salire la moglie nel momento in cui aveva detto ad Amin che avrebbe preso l'autobus per Kafr Kanna.

Amin si reca più volte alla Grande Moschea, dove l'imam Marwan aveva benedetto Sihem la sera prima dell'attentato. Tuttavia, un gruppo islamista armato ostacola i suoi tentativi di entrare in contatto con l'imam, poiché lo considerano un traditore – non è il benvenuto sul suolo palestinese, perché le forze israeliane lo stanno cercando. Tuttavia, la sua perseveranza alla fine viene ripagata e riesce a parlare con il leader religioso. L'incontro tra i due uomini è teso. Proprio in quel momento, la sua casa a Tel Aviv viene vandalizzata.

Infine, Amin viene rapito da una cellula terroristica islamica. Viene portato al cospetto di uno dei loro leader, che si dice onorato di essere in presenza del marito di un'attentatrice suicida. Tuttavia, la loro causa va contro tutto ciò in cui Amin crede: mentre il leader dei terroristi ha scelto la via della violenza e della distruzione, Amin ha scelto la via della guarigione e della vita.

NEL CUORE DEL CONFLITTO

Dopo l'incontro con il leader terrorista, Kim e Amin tornano a Tel Aviv. Amin torna a casa e inizia il lungo processo di riordino della sua casa e dei suoi pensieri. Improvvisamente, ricorda qualcosa: le ultime parole che Sihem gli ha detto, ovvero che non le piaceva lasciarlo solo e che per lei sarebbe stata un'eternità. Si rende conto che questo era il suo modo di dirgli che non si sarebbero mai più rivisti: era il segno che non aveva riconosciuto all'epoca e che stava cercando da allora. Amin sfoglia un album di fotografie e vede una foto di suo nipote Adel accanto a Sihem, anche se non sapeva che si fossero mai incontrati. La fame di verità di Amin si fa sentire ancora di più e decide di continuare le sue indagini recandosi a Kafr Kanna, dove scopre che sua moglie potrebbe aver avuto una relazione con Adel.

Amin rintraccia Adel a Jenin, la città in cui è cresciuto e il luogo di alcuni dei più sanguinosi scontri tra le forze armate israeliane e le cellule della resistenza palestinese. Dall'altra parte del muro che divide le due comunità in Cisgiordania, egli si trova di fronte all'intera scala degli orrori della guerra e viene a sapere di più sulle azioni di Sihem. La donna stava pianificando l'attacco da molto tempo e aveva persino organizzato delle riunioni per i sostenitori della causa palestinese nella loro casa.

UN MONDO IN CUI LA MORTE È FINE A SE STESSA

A Jenin, Amin ritrova la sua famiglia, compreso suo cugino Jamil, che riesce a metterlo in contatto con Adel. Sospettato di essere una spia dello Shin Bet (l'agenzia di controspionaggio israeliana), Amin viene catturato e trascinato davanti a un gruppo di mujaheddin, che presto gli fanno capire quanto sia impotente e gli insegnano il vero significato di odio e umiliazione. Passano sei giorni a tormentarlo con la minaccia di un'imminente esecuzione, ma il settimo giorno viene rilasciato, mentre Adel lo guarda. Adel ha aderito alla causa islamica e spiega ad Amin come tutto è iniziato, rassicurandolo anche sul fatto che lui e Sihem non hanno mai avuto una relazione.

Tuttavia, i punti di vista dei due uomini sono inconciliabili: "Non sono adatto al mondo che descrive. Lì la morte è fine a se stessa. Per un medico, è troppo da digerire" (p. 229). Alla fine, Amin viene portato da Omr, il patriarca della famiglia Jaafari, da suo nipote Wissam. Tuttavia, questa tregua è di breve durata: Wissam compie un attentato suicida e poco dopo arrivano i bulldozer israeliani che radono al suolo la casa di Omr per permettere ai coloni ebrei di insediarsi. L'intera famiglia viene evacuata e la nipote di Omr, Faten, scompare poco dopo.

Amin viene a sapere che è stata portata alla moschea di Jenin per ricevere la benedizione dello sceicco Marwan, un uomo influente che gode di grande rispetto per la sua età e i suoi contatti, che si agita tra i palestinesi e li incoraggia a reagire contro Israele invece di restare passivamente. Amin si reca a

Jenin, alla disperata ricerca di Faten, per evitare l'ennesimo attentato suicida. Ma è troppo tardi: il sermone viene interrotto da un allarme di un drone, un missile esplode vicino all'auto dello sceicco e Amin viene coinvolto nell'esplosione. Mentre giace in punto di morte, ha una visione di se stesso più giovane e felice. Riceve i primi soccorsi e viene portato in ospedale, ma gli operatori sanitari inviati sul posto non riescono a salvargli la vita.

STUDIO DEL CARATTERE

AMIN JAAFARI

Amin Jaafari è il protagonista e narratore del romanzo. Vive a Tel Aviv, la capitale di Israele, e lavora come chirurgo. Egli simboleggia il successo dell'integrazione di un palestinese in Israele, poiché è molto rispettato nella regione e la sua reputazione si estende fino alla Palestina. Grazie al suo lavoro, può condurre una vita confortevole e borghese e possiede una magnifica casa in uno dei quartieri più eleganti di Tel Aviv. Ha una solida rete di sostegno composta dall'amico Navid Ronnen, dal collega Kim Sehuda e dal suo capo Ezra Benhaim, con cui ha un rapporto stretto. Nel frattempo, un altro collega, Ilan Ros, lo ha aiutato a trovare una seconda casa sulla costa vicino ad Ashkelon. Tutto ciò dimostra che Amin era ben assimilato nella società israeliana prima dell'attacco.

Come chirurgo, salva quotidianamente la vita dei suoi pazienti ed è bravo in quello che fa. Ai suoi occhi, le vite umane valgono più di qualsiasi causa: "Odio le guerre e le rivoluzioni e questi drammi di violenza redentrice […] sono un chirurgo", dice (p. 167).

Amin è figlio di un beduino e ha radici arabe e musulmane. Come non credente che vive nel Paese ebraico di Israele, si trova al crocevia tra due nazioni. Non ha un interesse personale nel conflitto israelo-palestinese, finché non scopre che sua moglie si è martirizzata in suo nome. Sono sposati da

15 anni e sono musulmani non praticanti, anche se Sihem osserva il Ramadan. Amin si rende conto di aver conosciuto solo una versione idealizzata di sua moglie, che esisteva solo nella sua mente: "Ora che ci penso, come ho potuto viverla se non ho mai smesso di sognarla?". (p. 184).

Amin ha un forte senso dell'onore, che lo spinge a cercare la verità sulla moglie. Nel farlo, entra in contatto con i fondamentalisti, mettendo a rischio la propria vita. Il romanzo ha una narrazione circolare, con le scene iniziali e finali che descrivono l'apocalittica carneficina che si scatena quando l'auto dello sceicco Marwan viene fatta esplodere. Amin può essere estraneo al conflitto, ma finisce ugualmente in prima linea nell'orrore che sta travolgendo la sua patria e viene ucciso da un drone israeliano.

SIHEM

Sihem era la moglie di Amin finché non si è uccisa in un attentato suicida a Tel Aviv. Non compare nel romanzo se non attraverso i ricordi e le descrizioni di Amin e degli altri personaggi.

Il ritratto che il marito fa di lei cambia e diventa sempre più contraddittorio nel corso del romanzo. Sebbene la sua infanzia in Palestina sia stata difficile, Sihem viene descritta come felice, anche se riservata. Sihem e Amin avevano un rapporto affettuoso: avevano un forte legame, viaggiavano spesso insieme e avevano un'ampia cerchia di amici. Nel complesso, conducevano una vita felice in Israele.

Tuttavia, l'attentato suicida rivela che le apparenze possono ingannare e Amin scopre un lato completamente diverso del carattere di sua moglie, che viene messo ancora più in risalto quando incontra Adel, che gli dice: "Sihem non era così sicura di meritare la sua fortuna [...] Voleva meritare di vivere, meritare il suo riflesso nello specchio [...] non solo di godere della sua fortuna" (pp. 227-228). Aggiunge poi: "Sihem si sentiva più vicina al suo popolo di quanto non lo fosse nella vostra immagine di lei. Forse era felice, ma non abbastanza"(p. 227).

ADEL

Adel è figlio di Yasser e Leila, sorella di Amin, e quindi nipote del chirurgo. Chiama Amin "Ammu" ("zio"). Amin crede che suo nipote sia un giovane uomo d'onore e di buone intenzioni, finché non scopre la verità: Adel fa parte di un gruppo di islamisti che combattono per la causa palestinese. Adel ha vent'anni e un grande rispetto per Sihem, che lo ha "adottato senza lottare" (p. 128) e ha dato la vita per la loro causa comune. Amin lo accusa quindi di avere avuto una relazione con sua moglie, ma Adel nega categoricamente questa accusa.

Amin incontra Adel solo quando viene rapito dai terroristi verso la fine del romanzo. Il loro confronto, che era l'obiettivo finale di tutti i viaggi di Amin attraverso il territorio palestinese, è il fulcro emotivo del romanzo. Il lettore scopre che Adel e suo zio hanno visioni del mondo completamente opposte: il primo si dedica alla lotta per la libertà del suo popolo, mentre il secondo crede che le vite individuali valgano più di qualsiasi causa. Egli rifiuta il mondo di Adel, dove "la morte è fine a se stessa" (p. 229). I due uomini non riescono a trovare un terreno comune e il loro incontro finisce con la delusione e l'allontanamento.

KIM SEHUDA

Kim Sehuda è una collega chirurgo e vecchia amica di Amin, conosciuta durante il periodo universitario. È "bella e spontanea e molto più aperta degli altri studenti, che dovevano mordersi la lingua un paio di volte prima di chiedere da accendere a un arabo, anche se era uno studente brillante e un bel ragazzo" (p. 9). Avevano avuto un breve flirt durante l'università, ma Kim aveva conosciuto un uomo russo e se ne era perdutamente innamorata. Lui l'aveva poi lasciata senza alcun preavviso per tornare nel suo Paese.

Questo flirt si trasforma in una forte amicizia. Il giorno dopo che la vita di Amin viene sconvolta, Kim lo prende sotto la sua ala protettrice: lo fa stare da lei, cerca di farlo ragionare, si prende cura di lui dopo che è stato aggredito e finisce per accompagnarlo nei suoi viaggi nonostante i suoi scatti d'ira e la pericolosità della sua ricerca. Accompagna Amin sulla costa a trovare il nonno, per trovare un po' di tregua dall'agitazione di Tel Aviv, e resta al suo fianco anche durante il suo viaggio spericolato a Betlemme. Dopo il loro primo viaggio sulle orme di Sihem, la donna si allontana, lasciando Amin da solo, e scompare nella parte finale del romanzo.

Nel complesso, Kim è un'amica leale e devota con "un cuore generoso" (p. 9), che accompagna Amin nelle sue indagini finché ne ha la possibilità.

NAVID RONNEN

Navid Ronnen è un alto funzionario della polizia di Tel Aviv. Il suo carattere allegro e il suo senso dell'umorismo lo rendono uno dei "pazienti più coinvolgenti" di Amin (p. 26). Dopo che Amin ha eseguito con successo un'operazione sulla madre di Navid, il loro rapporto è sbocciato in una vera amicizia.

Navid è di origine israeliana e conosce bene la realtà della situazione in patria. Grazie al suo lavoro, entra regolarmente in contatto con "molti criminali […] e molti semplici psicopatici" (p. 92), compresi i terroristi. Come Kim, Navid è sempre disposto ad aiutare Amin, nonostante il carattere e la diffidenza di quest'ultimo – infatti, Navid lo salva in due diverse occasioni, e non è l'unico a farlo. Quando Amin crolla dopo aver appreso ciò che Sihem ha fatto, Navid parla della propria incapacità di comprendere le motivazioni della donna:

> *"Come diavolo è possibile che un normale essere umano, sano di corpo e di mente, faccia questa scelta? Ha forse una fantasia o un'allucinazione che lo convince di aver ricevuto una missione divina? Come può rinunciare ai suoi progetti, ai suoi sogni, alle sue ambizioni e decidere di morire di una morte atroce in mezzo alla peggiore barbarie?". (p. 93)*

Navid aiuta Amin ad attraversare il confine con la Palestina per il suo ultimo viaggio, nonostante la sua posizione nella polizia.

FATEN

Faten Jaafari è la nipote di Omr, il patriarca della famiglia, ed è descritta come "una giovane donna robusta e rozza, formata da una vita di lavori domestici impegnativi e dall'esistenza austera dei villaggi chiusi" (p. 237).

Ha 35 anni e "ha avuto più della sua parte di sfortuna" (p. 237), poiché il suo primo marito è stato ucciso subito dopo il matrimonio e il suo secondo fidanzato è morto pochi giorni prima del loro. Da allora, ha dedicato la sua vita a prendersi cura di Omr: "Senza di lei, Omr non ce l'avrebbe fatta. All'inizio, altri membri della famiglia hanno accettato di prendersi cura di lui, ma ha finito per essere trascurato" (pp. 249-250).

Era già ostile agli israeliani, ritenendo che "non hanno più cuore dei loro [bulldozer]" (p. 248), ma quando la casa del nonno viene distrutta, questa ostilità si trasforma in vero e proprio odio. Il giorno dopo, Faten è scomparsa senza lasciare traccia, essendo partita per combattere per la causa palestinese. Amin capisce che Faten ha lasciato la sua famiglia per diventare una martire e si mette a cercarla a Jenin, dove viene ucciso in un attacco alla moschea della città.

ANALISI

CONTESTO STORICO E POLITICO

La storia è ambientata in un clima di costante tensione tra ebrei e arabi, "due popoli eletti che hanno scelto di trasformare una terra benedetta da Dio in un campo di orrore e di rabbia" (p. 166), come dimostra la reazione di un ebreo ferito nell'attentato che rifiuta di farsi curare da Amin perché palestinese.

Date chiave del conflitto israelo-palestinese

- Verso la fine del XIX secolo, la Palestina era sotto l'occupazione ottomana. I suoi abitanti erano per l'85% musulmani, per il 10% cristiani e per il 5% ebrei.

- Dopo la Prima guerra mondiale (1914-1918), il Paese fu posto sotto il mandato britannico.

- Durante la Seconda guerra mondiale (1939-1945), l'antisemitismo sotto forma di pogrom e poi di Olocausto – di cui parla il nonno di Kim nel romanzo – dette origine al sionismo, un movimento che sosteneva la creazione di uno Stato ebraico. Migliaia di sopravvissuti ai campi di concentramento immigrarono in Palestina per crearvi una patria nazionale.

- Negli anni '30 scoppiarono le prime ribellioni palestinesi, che furono represse dalle forze di occupazione britanniche.

- Nel 1947, la Gran Bretagna si ritirò dal conflitto e l'ONU, creata dopo la Seconda guerra mondiale, votò a favore della divisione della Palestina in due nazioni separate: una ebraica, l'altra araba. Nel frattempo, Gerusalemme fu dichiarata territorio internazionale, in quanto città con grandi popolazioni cristiane, ebree e musulmane "con i suoi minareti e i suoi campanili" (p. 141).

- Israele dichiarò la propria indipendenza il 14 maggio 1948. Confinava con l'Egitto e la Striscia di Gaza a sud-ovest, con la Giordania e la Cisgiordania a est, con il Libano a nord e con la Siria a nord-est.

- Nel 1949, Israele divenne membro delle Nazioni Unite. A quel punto, Gaza e la Cisgiordania erano sotto il controllo arabo. Poiché nessuna delle due parti era soddisfatta del piano dell'ONU per la divisione del Paese, scoppiò una guerra civile che presto degenerò in una guerra internazionale.

- Nel 1964 venne creata l'Organizzazione per la Liberazione della Palestina (OLP), di cui Yasser Arafat (statista palestinese, 1929-2004) fu nominato presidente nel 1969. Nel 1996 divenne presidente dell'Autorità Nazionale Palestinese.

- Nel 1993, gli accordi di Oslo prevedevano la creazione di uno Stato palestinese indipendente.

- Nel 2002 fu installata una barriera di sicurezza lungo il confine con la Cisgiordania, che protegge circa il 15% delle colonie ebraiche. Lo scopo dichiarato di questo muro è quello di prevenire gli attacchi terroristici palestinesi e viene citato nel romanzo in diverse occasioni:

"Tuttavia, ho visto molte cose da quando sono passato dall'altra parte del Muro: piccoli villaggi in stato d'assedio; posti di blocco su ogni strada di accesso; strade più grandi disseminate di veicoli carbonizzati fatti esplodere dai droni; coorti di dannati, allineati e in attesa del loro turno per essere controllati, spinti e spesso respinti". (p. 200)

Riferimenti storici nel romanzo

Questo romanzo, lungi dall'essere un'opera di pura finzione, si basa su fatti storici e fornisce al lettore ampi spunti di riflessione sul conflitto israelo-palestinese. La storia riecheggia la realtà storica citando individui e movimenti che hanno influenzato e plasmato direttamente il corso della guerra.

Per questo motivo, la storia di Amin è ancorata a un contesto molto specifico e potrebbe realisticamente essersi svolta durante la Seconda Intifada (2000-2004). L'Intifada, parola araba che tradotta letteralmente significa "scossa", si riferisce alla ribellione palestinese contro l'occupazione israeliana. Questo conflitto è stato anche chiamato "guerra delle pietre", un nome che viene evocato quando i bambini prendono a sassate le auto israeliane.

Due i gruppi principali coinvolti in questa rivolta: la Jihad islamica, un gruppo nazionalista che i principali Paesi membri dell'ONU considerano un'organizzazione terroristica, e Hamas, un movimento islamista composto da un'ala politica e da un'ala paramilitare, attivo principalmente a Gaza e che mira a eliminare lo Stato di Israele.

L'attacco si concentra sulle operazioni delle Brigate dei Martiri di al-Aqsa, una delle milizie che sostengono la fazione Fatah, un movimento politico e militare palestinese fondato nel 1959 da Yasser Arafat.

Il romanzo fa anche riferimento a una delle figure più influenti della storia di Israele: Ariel Sharon (generale e politico israeliano, 1928-2014), considerato il comandante più efficace dell'esercito israeliano. È stato anche Primo Ministro di Israele dal 2001 al 2006 con un governo di destra.

Anche lo Shin Bet, l'agenzia di controspionaggio israeliana, nota anche come Shabak, svolge un ruolo nella trama del romanzo. I membri dei gruppi terroristici accusano infatti Amin di aver agito su ordine dell'agenzia, che lavora per individuare e prevenire qualsiasi attacco sul suolo israeliano.

UNA NARRAZIONE POLIFONICA

Punti di vista multipli

Uno dei rischi principali associati alla scrittura di un romanzo su un argomento così controverso è quello di avvicinarsi involontariamente o inconsapevolmente troppo all'argomento e di iniziare a prendere posizione. Tuttavia, Khadra evita questa trappola utilizzando più punti di vista. Il viaggio di Amin lo conduce sia in Israele che in Palestina, e lungo il percorso incontra un'ampia varietà di persone coinvolte nel conflitto e le loro diverse reazioni:

- **ignoranza**. Prima di essere coinvolto in prima persona, Amin era una delle persone che ignoravano il conflitto o, più precisamente, che chiudevano un occhio sugli "eventi traumatici che hanno minato le speranze di riconciliazione tra due popoli eletti che hanno scelto di trasformare una terra benedetta da Dio in un campo di orrore e rabbia" (p. 166). Inizialmente, il chirurgo rappresenta una parte della popolazione che non è necessariamente indifferente al conflitto, ma che non ha un interesse personale in esso. Al contrario, egli rimane all'esterno, senza "applaudire i combattenti da una parte o condannare quelli dall'altra [perché] tutti condividono un atteggiamento che [egli] trova insensato e deprimente" (*ibid.*). Queste persone stanno semplicemente cercando di vivere la loro vita o, per lo meno, di sopravvivere. Tuttavia, Amin non è del tutto passivo: "Invece di porgere l'altra guancia o di reagire, ho scelto di prendermi cura dei pazienti" (*ibid.)*;

- **diffidenza e razzismo**. Decenni di sanguinoso conflitto hanno creato un clima in cui la diffidenza e il razzismo regnano sovrani. Amin ha dovuto affrontare regolarmente il razzismo durante la sua permanenza in Israele, dai tempi dell'università a oggi: "Fin troppo consapevole degli stereotipi che mi contraddistinguono sulla pubblica piazza, mi sforzo di superarli, uno per uno, facendo del mio meglio e sopportando le inciviltà dei miei compagni ebrei" (pp. 96-97). Ilan Ros, ad esempio, non si è mai fidato di Amin a causa delle sue origini e nutre quindi una forte gelosia nei suoi confronti. Dopo l'attentato, questa paranoia non fa che aumentare: Amin viene fermato dalla polizia in diverse occasioni e viene persino molestato da giovani israeliani nella sua stessa casa, oltre a essere sospettato di aver agito su ordine dei servizi segreti israeliani durante il suo periodo in Palestina;

- **fiducia individuale**. Nonostante il brutale conflitto, alcuni personaggi sono in grado di guardare oltre le generalizzazioni e i pregiudizi e di giudicare ogni individuo in base ai propri meriti, considerandoli esseri indipendenti che meritano il beneficio del dubbio, indipendentemente da ciò che gli altri pensano di loro. Per Amin, queste persone si possono dividere in due grandi gruppi: i suoi amici (Kim, Navid, Ezra Benhaim e il vetraio) e i suoi pazienti. I suoi amici gli sono molto cari: Ezra Benhaim, il direttore dell'ospedale, ha sostenuto Amin fin dall'inizio "per tenere a bada i [suoi] detrattori" (p. 7). Le origini beduine di Amin non hanno importanza per lui, poiché il suo valore è dimostrato dalla sua bravura come chirurgo. Nel frattempo, i pazienti di Amin lo vedono come il chirurgo che li ha curati e, in alcuni casi, che ha salvato loro la vita: il suo abile lavoro permette loro di aggirare i pregiudizi razzisti che potrebbero nutrire e di giudicarlo in base alle sue capacità piuttosto che alle sue origini. Infatti, quando Ilan Ros lancia una petizione molto popolare per impedire ad Amin di tornare in ospedale, molti dei suoi ex pazienti protestano contro di lui. L'ospedale si trova così in un angolo, tra i firmatari da una parte e gli ex pazienti di Amin dall'altra;

- **impegno passivo**. Un'altra grande fetta della popolazione rientra in questa categoria, in cui un individuo si schiera con la propria patria: per esempio, un cittadino israeliano potrebbe essere sentito dire che "i palestinesi si rifiutano di ascoltare la ragione" (p. 64). Nel frattempo, molti palestinesi dicono ad Amin di essere orgogliosi del sacrificio di Sihem, compresi Yasser e sua moglie Leila, sorella adottiva di Amin, e il loro figlio confida ad Amin che "anche loro sono militanti, a modo loro" (p. 226). Tuttavia, l'assunzione di questa posizione nazionalista non si traduce necessariamente in azione.

- **Impegno attivo, spesso violento**. Per alcuni individui, il loro impegno nella causa è molto reale e si basa sull'azione. Spesso appartengono a organizzazioni come la

Jihad islamica, Hamas o le Brigate dei Martiri di al-Aqsa, contrastate dalla polizia e dai servizi segreti israeliani. Le due parti sono state coinvolte in un gioco del gatto e del topo per molti anni e la violenza che ne deriva è inevitabile. Ad esempio, quando lo sceicco Marwan invita i palestinesi a unirsi alla causa e a combattere, i servizi segreti israeliani attaccano il servizio che sta svolgendo. Il comandante che Amin incontra nei pressi di Jenin spiega come vede il problema:

> *"Il problema, dottore, è che altre persone negano [ai giovani palestinesi] questi sogni. Altre persone cercano di confinarli nei ghetti fino a intrappolarli per sempre. E questo è il motivo per cui preferiscono morire. Quando i sogni vengono respinti, la morte diventa la salvezza definitiva". (p. 220)*

Adel, Sihem e Wissam sono impegnati nella causa palestinese e gli ultimi due arrivano a sacrificare la loro vita per essa.

C'è una linea sottile tra impegno passivo e attivo, come esemplificato dal personaggio di Faten: vive una vita relativamente tranquilla in un villaggio palestinese, ma è spinta a passare dall'impegno passivo a quello attivo quando la sua casa viene distrutta dalle rappresaglie israeliane.

Introspezione

La ricerca della verità da parte di Amin lo rivela come un uomo profondamente umanista che sostiene un messaggio di pace e tolleranza. Anche altri personaggi, israeliani e palestinesi, riflettono sull'insensatezza del conflitto, che Navid descrive come segue:

> *"Non appena raccogliamo i nostri morti, i nostri leader mandano gli elicotteri ad affumicare qualche casupola araba. Poi, proprio quando il*

governo si prepara a dichiarare la vittoria, un nuovo attacco riporta indietro l'orologio. Per quanto tempo potrà andare avanti?". (p. 64)

Quando Amin attraversa il confine con la Cisgiordania, incontra Zeev, un eremita con cui parla a lungo. Dalle loro conversazioni emerge una verità particolare: "Ogni ebreo in Palestina è un po' arabo, e nessun arabo in Israele può negare di essere un po' ebreo. [...] Allora perché tanto odio tra parenti?". (p. 242).

Il romanzo esplora una varietà di atteggiamenti sia da parte israeliana che palestinese. Impantanate in un conflitto senza prospettive di risoluzione, entrambe le parti perpetuano un ciclo infinito di violenza senza mai guardare al quadro generale, e considerando una varietà di prospettive, il romanzo getta la loro comune intransigenza in netto rilievo. Inoltre, mette in luce un altro aspetto che i due popoli hanno in comune: le innumerevoli vittime che sono morte da entrambe le parti. L'approccio polifonico del romanzo offre quindi al lettore importanti spunti di riflessione.

IL MODULO

Tecniche stilistiche

Il romanzo utilizza una narrazione circolare, in cui la scena di apertura e quella di chiusura sono la stessa: il narratore viene coinvolto nell'esplosione che segue l'attentato all'auto dello sceicco Marwan. Questo è un modo per sorprendere il lettore, in quanto il romanzo gli darà una certa sensazione di déjà vu quando arriverà alle pagine finali, oltre a ricordargli come tutto è iniziato. Questo è anche il modo in cui l'autore mostra che la storia finisce dove inizia, ed è quindi un'entità autonoma.

Tuttavia, questo romanzo aggiunge un'altra dimensione a questa tecnica sorprendendo il lettore in un secondo modo, in quanto sarà portato a credere che la prima esplosione sia quella a cui si allude nel titolo. Tuttavia, l'attacco del titolo non ha effettivamente luogo fino al capitolo successivo, il che coglie il lettore di sorpresa e lo costringe a rivedere le sue aspettative iniziali. Ciò significa che il titolo potrebbe avere molteplici significati, ugualmente validi.

In realtà, le prime pagine del romanzo rappresentano la fine della storia, quando il narratore, Amin Jaafari, viene accidentalmente ucciso. Questa tecnica narrativa è nota come flashforward, o prolessi, e prevede la rappresentazione di eventi che si verificano solo molto più avanti nella storia. In questo caso, i capitoli successivi si svolgono prima della morte di Amin e seguono le ultime settimane della sua vita, quando viene a conoscenza del primo attacco, scopre il coinvolgimento della moglie e inizia le indagini.

Da un punto di vista tematico, l'enfasi su questo singolo evento ha un duplice scopo:

- **ripetizione**. Le esplosioni e gli attacchi dei droni israeliani si ripetono, dando l'impressione che gli attacchi non finiranno mai da entrambi i lati del muro;

- **eco**. L'esplosione finale riecheggia l'attacco causato da Sihem all'inizio del romanzo. Entrambi i popoli si confrontano direttamente con gli orrori della guerra civile. Anche il dolore e la sofferenza sopportati dagli israeliani e dai palestinesi fanno eco l'uno all'altro: quando una parte subisce un colpo, non passerà molto tempo prima che l'altra parte debba affrontare le rappresaglie.

Il romanzo è scritto in prima persona, il che permette di concentrarsi maggiormente sulla ricerca personale di un uomo nel mezzo di un complesso conflitto geopolitico. Amin è quindi testimone in prima persona degli eventi che descrive e il romanzo si conclude con la sua morte. Le ultime righe del libro sembrano essere i suoi ultimi pensieri, mentre ripensa a qualcosa che suo padre gli disse una volta: "Possono prenderti tutto quello che possiedi – le tue proprietà, i tuoi anni migliori, tutte le tue gioie, tutte le tue opere buone, tutto fino all'ultima camicia – ma avrai sempre i tuoi sogni, così potrai reinventare il tuo mondo rubato" (p. 257).

Monologo interno

L'uso del monologo interno immerge il lettore nelle profondità della mente del protagonista. Dandoci libero accesso ai suoi pensieri più intimi, i confini si confondono: le parole si confondono con i pensieri e i pensieri con le parole. Questo ci avvicina al protagonista e ci permette di comprenderlo più a fondo.

Anche la sintassi del romanzo viene utilizzata per sottolineare ulteriormente la mancanza di distinzione tra narratore e personaggio. La narrazione assume spesso la forma di un flusso di coscienza, caratterizzato da frasi più brevi e che segue il filo dei pensieri di Amin anche quando questi prendono improvvisamente un'altra direzione: "Fu in questo esatto punto che mia madre seppellì il mio cucciolo nato morto. Il mio dolore era così grande che lei pianse insieme a me. Mia madre… un'anima caritatevole […]" (p. 239).

Inoltre, il monologo interiore è spesso utilizzato per affrontare temi specifici come la messa in discussione, la lotta con la propria identità, la ricerca della verità, il dubbio, la teorizzazione e così via. La mente di Amin è sommersa da dubbi, incomprensioni e negazioni che lo rendono a tratti senza parole, sconvolto e spinto all'azione frenetica. Ad esempio, quando Amin legge la lettera di Sihem, dice: "I miei ultimi punti di riferimento sono finiti sulla strada" (p. 70).

Questa scelta stilistica ci permette di seguire in prima persona la "dolorosa ricerca della verità [che] è stata il [suo] personale viaggio di iniziazione" (p. 233) di Amin, testimoniando tutte le sue preoccupazioni, i suoi dubbi e i suoi progressi. Il lettore ha quindi tutte le informazioni necessarie per comprendere il suo viaggio, le sue realizzazioni e lo sviluppo del suo carattere.

Linguaggio poetico

Il romanzo è saturo di metafore e il linguaggio utilizzato ricorda quello della poesia. Questa scelta stilistica contrappone la forma del romanzo al suo contenuto, dato che i temi del terrorismo e della violenza mortale sono oscuri, tragici e in definitiva prosaici. Questa tecnica riecheggia il contrasto tra il pacifismo e la devozione all'umanità del protagonista e gli attentati suicidi dei palestinesi e gli attacchi mirati di Israele. Questo contrasto produce una prosa straordinariamente bella:

"La notte si prepara a colpire il campo mentre l'alba cresce impaziente alle porte della città. [...] Nessuna traccia di romanticismo rimane nel cielo, nessuna nuvola si propone di temperare l'ardente zelo del sole appena nato. Anche se la sua luce dovesse essere la Rivelazione stessa, non riscalderebbe la mia anima". (pp. 34-35)

Lo stile di scrittura di Khadra permette al lettore di sentire il dolore e la bellezza mescolati dei personaggi quasi come fossero propri. L'autore utilizza anche una serie di metafore che riguardano il mare ("Lontano, sull'acqua, un transatlantico scintilla. Più vicino, le onde si scagliano disperatamente contro gli scogli. Il loro frastuono risuona nella mia testa come i colpi di una mazza", p. 52), dando vita a uno stile di scrittura romantico che collega le immagini naturali alle emozioni umane. Questo stile poetico crea una sorta di scudo contro la cruenta realtà della guerra. Khadra ha anche dichiarato di aver scritto *L'attacco* "per denunciare l'assurdità di questa guerra, per rendere le persone consapevoli di questa tragedia umana e delle ingiustizie che sta generando, per evidenziare l'inconsistenza delle ideologie che stanno schiacciando gli spiriti e trasformando i potenti in persecutori. Perché non c'è nulla di più importante della vita di un individuo, nessuna dottrina, nessuna ideologia, nessuna causa che abbia la precedenza sul diritto alla vita. Inoltre, nulla sulla Terra ci appartiene, comprese le nostre patrie e il nostro patrimonio, perché le uniche ricchezze che possiamo legittimamente rivendicare sono le nostre stesse vite". (Urquiza, 2012). In questo modo, Khadra prende posizione, non a favore o contro una delle due parti, ma contro la natura stessa della guerra.

ULTERIORI RIFLESSIONI

ALCUNE DOMANDE SU CUI RIFLETTERE...

- Secondo voi, qual è il messaggio di *The Attack*? Quale personaggio viene utilizzato per trasmetterlo?

- Qual è la vostra interpretazione del titolo del romanzo?

- Spiegate il rapporto di Amin con la sua eredità. Entra in conflitto con essa?

- "Invece di porgere l'altra guancia o di reagire, ho scelto di prendermi cura dei pazienti" (p. 166). Utilizzate questa citazione, pronunciata da Amin, per analizzare l'importanza che il romanzo attribuisce alle vite individuali, rispetto all'importanza che attribuisce alla lotta per una causa "più grande" come la libertà di una nazione.

- Confrontate il messaggio de *L'attentato* e la seguente citazione di Albert Camus (autore francese, 1913-1960) sulla guerra d'Algeria (1954-1962) durante il suo discorso di accettazione del Premio Nobel: "La gente ora mette le bombe nei tram di Algeri. Mia madre potrebbe trovarsi su uno di quei tram. Se questa è giustizia, allora preferisco mia madre" (Blincoe, 2013).

- Amin dà più valore all'amore per la moglie che a una guerra combattuta in nome di una causa "superiore". Si tratta di un atteggiamento egoistico? Giustificate e ampliate la vostra risposta considerando i modi in cui l'amore viene affrontato nel romanzo.

- È possibile essere contemporaneamente neutrali e impegnati, come Amin, in qualsiasi situazione? Spiegate la vostra risposta.

- Confrontate la situazione di Tel Aviv con quella di Gerusalemme, Betlemme e Jenin.

- Alcuni aspetti de *L'attacco* sono tipici della narrativa noir. In che misura il libro rientra in questo genere letterario? Spiegate la vostra risposta.

- Dopo aver visto il film, confrontate la sua struttura narrativa con quella del romanzo. Quale prospettiva ha adottato il regista? Secondo voi, si tratta di un adattamento riuscito?

ULTERIORI LETTURE

EDIZIONE DI RIFERIMENTO

Khadra, Y. (2007) *L'attacco*. Cullen, J. Trans. Londra: Vintage.

STUDI DI RIFERIMENTO

Blincoe, N. (2013) Camus e la rivoluzione algerina. *Asharq al-Awsat.* [Online]. [Accessed 18 December 2017]. Disponibile da: <https://eng-archive.aawsat.com/nicholas-blincoe2/lifesty-le-culture/jennacamus-and-the-algerian-revolution>

Urquiza, L. (2012) La scrittrice Yasmina Khadra risponde alle vostre domande. *Banca Mondiale.* [Online]. [Accessed 18 December 2017]. Disponibile da: <http://blogs.worldbank.org/youthink/fr/le-romancier-yasmina-khadra-r-pond-vos-questions>

ADATTAMENTI

Dauvillier, L. e Chapron, G. (2016) *L'attacco*. [Graphic novel]. Ontario: Firefly.

L'attacco. (2013) [Film]. Ziad Doueiri. Dir. Francia/Belgio/Qatar/Egitto: Canal+.

Vogliamo sapere da voi!
Lasciate un commento sulla vostra biblioteca online
e condividete i vostri libri preferiti sui social media!

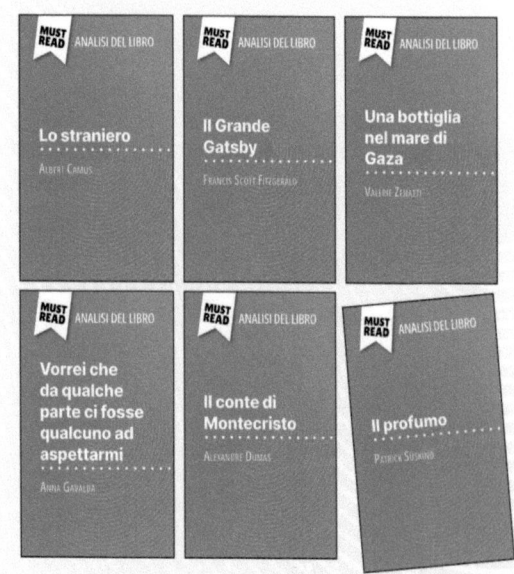

www.50minutes.com

Master ISBN: 9782808689496
ISBN cartaceo: 9782808610896
Deposito legale: D/2023/12603/1369

Copertura: © Primento

Concezione digitale a cura di Primento, il partner digitale degli editori.